AF259605

UNE

SOLUTION

<hr>

AMIENS

Imprimerie Emile GLORIEUX et Cᵉ, rue du Logis-du-Roi, 13.

1873.

UNE SOLUTION.

M. Thiers, avant le 24 mai, avait souvent mis l'Assemblée nationale au défi de rétablir la Monarchie. Il se plaisait à répéter que la République était le seul gouvernement possible en pratique, et, narguant les conservateurs, il leur disait : « Restaurez donc une Monarchie, si vous croyez pouvoir le faire. » Et telle était l'influence de cet homme d'Etat sur diverses fractions de la Chambre qu'un grand nombre de députés avaient adopté, nous ne dirons pas son opinion, mais la thèse qu'il soutenait. Semblable à l'avocat qui rallie, par son habileté, ses auditeurs à une cause qu'il trouve détestable dans son for intérieur, M. Thiers avait inculqué à ces députés une manière de voir qui n'était certes pas la sienne, et qu'il préconisait dans le but unique de se perpétuer au premier rang. Aussi chacun a pu remarquer des anciens partisans de la Monarchie brûler ce qu'ils avaient adoré ; et cela avec la meilleure foi du monde, et dans la conviction qu'il fallait, pour le bien du pays, renoncer à un principe qui n'était plus qu'une utopie.

Le seul argument de M. Thiers en faveur de la République était tiré de la division des monarchistes, de l'absence de l'unité dynastique. Comment rappeler un Roi, disait-il, quand il y a plusieurs têtes pour une seule couronne, plusieurs prétendants pour le même trône, et que chacun de ces prétendants est soutenu par de nombreux amis?..... Et voilà que la visite d'un Prince à un autre Prince vient réduire à néant cette argumentation, et saper dans sa base le seul raisonnement que les républicains pouvaient faire valoir à l'appui de leur cause. Nous serions curieux de savoir quelles preuves, plus ou moins ingénieuses, M. Thiers, s'il était encore au pouvoir, mettrait aujourd'hui en avant pour soutenir ses assertions anti-monarchiques. La question des compétitions au trône étant tranchée par la démarche de Mgr le comte de Paris, c'est évidemment dans le parti monarchique que doit exister maintenant le moins de division ; en effet, quand même beaucoup d'anciens orléanistes ne suivraient pas le Prince dans la voie où il est entré, ce parti n'en serait pas moins homogène, puisqu'il n'existe pas de rivalités pour le rang suprême.

On éprouve un véritable sentiment d'admiration quand on songe au désintéressement, à l'abnégation, dont viennent de faire preuve, dans cette circonstance, les Princes d'Orléans. Mgr le comte de Paris, en se rendant à Froshdorff, a eu la force de sacrifier à la France, non-seulement son intérêt personnel, ce dont il n'y a pas lieu de lui savoir gré, car, pour les grandes âmes un pareil sacrifice est un bonheur, mais encore les intérêts de ses amis, les espérances de ceux de ses partisans qui pensent, à tort ou à raison, que sa dynastie peut seule faire l'application des principes du gouvernement parlementaire. Il n'a considéré qu'une chose, c'est que le partage des conservateurs prolongeait pour un temps indéterminé la crise sociale, et encourageait les fauteurs de troubles, qu'il fallait, avant tout, faire cesser cette funeste division, si profitable à l'anarchie, et il a oublié, pour le salut commun, que toutes les chances d'une restauration étaient pour le régime national de 1830, il s'est effacé devant le chef de sa Maison, et il a dit aux royalistes : Unissez-vous, ne formez plus qu'un grand parti ; je ne suis pas un prétendant, et le jour où il plaira au pays de rétablir la Monarchie, ce n'est qu'au représentant du principe héréditaire qu'on devra s'adresser. Oui, c'est là un bel et noble exemple, digne d'un Prince de la race des Bourbons, et celui qui l'a donné justifierait, plus que tout autre, la devise : « Tout pour le peuple français, » car ce sont les actes et non les paroles qui doivent faire juger les sentiments des hommes.

L'entrevue de Frohsdorff a donc pour résultat de fixer sur Mgr le comte de Chambord le choix de la majorité parlementaire, si elle se décide à tenter une restauration. Cette tentative aurait-elle les chances d'un succès facile, et, si elle réussit, la Monarchie légitime restaurée, et accompagnée d'institutions conformes à l'esprit du siècle, présenterait-elle les conditions de durée et de stabilité nécessaires ? telles sont les deux questions que nous nous proposons d'examiner succinctement.

Mais, tout d'abord, disons que, selon nous, il n'y a pas de place entre la Monarchie et l'Anarchie ; que, par conséquent, nous désirons ardemment qu'on puisse mener à bonne fin la grande œuvre d'une restauration ; et qu'une fois effectuée, cette restauration produise les fruits qu'on en espère. Les réflexions que nous allons émettre ne nous sont donc suggérées que par la crainte des difficultés que doit présenter un projet dont la réussite comblerait nos vœux.

*
* *

Nous ne supposons pas que l'Assemblée nationale se hasarde à placer la couronne sur la tête du souverain légitime sans voter auparavant une constitution, c'est-à-dire sans déterminer les bases des lois politiques qui nous régiront. Par conséquent, pour que la restauration soit possible, il faut, avant tout, que le Prince consente à ce que son avénement soit subordonné à certaines conditions débattues entre l'Assemblée et les chefs de son parti ; il faut ensuite que l'accord entre le parlement et lui existe sur tous les points.

Mgr le comte de Chambord a puisé, dit-on, dans les leçons de l'histoire l'expérience et le jugement : il est sage et éclairé. Il comprend qu'aujourd'hui il ne peut s'agir que d'une Monarchie tempérée et pondérée, assurant l'égalité des droits et la liberté, c'est-à-dire une Monarchie constitutionnelle, telle qu'elle est en vigueur chez presque tous les peuples de l'Europe, et non d'un régime absolu et féodal. Il comprend que c'est le souverain qui appartient à la nation, et non la nation au souverain, et qu'il doit, conséquemment, adopter les modifications apportées aux idées par le grand révolutionnaire que l'on nomme le temps ; il sait que, suivant les paroles de Montesquieu, « Ce n'est pas pour la fa- » mille régnante que l'ordre de succession est établi, » mais parce qu'il est de l'intérêt de l'Etat qu'il y ait » une famille régnante. » (1) Il a déclaré qu'il était prêt à sanctionner, comme l'a fait Louis XVIII, nos institutions modernes, et à donner à son peuple toutes les garanties désirables... Mais cette déclaration n'implique pas le consentement du Prince à accepter une constitution au lieu de l'octroyer, la ratification du programme élaboré par le Parlement, l'accord absolu entre les deux pouvoirs ; et si cette entente n'a pas lieu, la Chambre sera arrêtée au début de sa tentative. Tout disposé que soit un roi de droit divin à accepter les idées de son époque, nous comprenons qu'il est des points sur lesquels il ne peut céder, sans ébranler les fondements qui lui servent d'appui. A certaines de-

(1) MONTESQUIEU. *Esprit des lois*, l. XXVI, c. 16.

mandes il doit forcément opposer son *veto* pour défendre les droits inaliénables de la couronne, de même que le Souverain Pontife protége par le « *non possumus* » les prérogatives du Saint-Siége. Persévérer dans une volonté qu'il a catégoriquement affirmée, après mûres réflexions, est faire preuve, non d'obstination, mais de dignité. On se demande alors comment se concilieront certaines exigences de la nation avec certaines convictions du Roi, et si plusieurs questions, notamment celles du drapeau et du suffrage universel, pourront aboutir à une solution. Nos appréhensions sont vives, et nous sommes amené à avouer que, dans la condition où elle se présente, une restauration nous paraît hérissée de complications, et qu'une intervention supérieure et divine peut seule dénouer ce nœud gordien.

.   .   .   .

Mais pour examiner la seconde question que nous nous sommes posée, celle de savoir si le chef de la maison royale de France, malgré ses excellentes intentions, pourra appliquer le régime constitutionnel avec facilité et d'une manière profitable au pays, nous supposons la restauration effectuée, et le roi Henri V remonté au trône de ses ancêtres.

Quelle est la raison qui nous détermine à embrasser une opinion politique, à préférer tel gouvernement à tel autre ? Evidemment, sauf quelques exceptions qui ne devraient pas exister, nous donnons nos préférences

à un régime, non par dévouement et affection pour la
personne du chef de l'Etat, mais parce que ce régime
repose sur des institutions conformes à notre manière
de voir, et que la direction donnée sous son empire
aux affaires publiques provoque notre assentiment. Si
chaque gouvernement n'avait pas son système particu-
lier, sa politique spéciale, la question de personne,
seule, guiderait notre choix. La conséquence de cette
proposition est qu'un chef d'Etat, s'il est forcé, par une
raison quelconque, de s'écarter de la politique tradi-
tionnelle de son gouvernement, et d'être infidèle à son
origine et à son essence, ébranle les bases de son pouvoir, perd un grand nombre de ses partisans, s'affai-
blit, et s'expose à devenir la proie de l'opposition.
Ainsi, la politique d'un Président de République qui
s'appuierait sur la noblesse et le clergé, choquerait le
bon sens; ainsi jeter dans le parlementarisme l'Empire,
qui est un régime autoritaire et dictatorial, est le dé-
tourner de sa source et le livrer à ses ennemis ; de
même il semble que la monarchie de droit divin ne
doive exister que si elle peut être absolue, et la dynastie de 1830 occuper le trône dans le cas seulement où
le pays veut un régime constitutionnel et libéral. Le
monarque légitime laissant la nation se gouverner elle-
même, prenant la loi de son peuple, ce que Louis XIV
regardait comme la plus grande humiliation que puisse
endurer un souverain (1), agit contre ses convictions,
et ne peut aimer un système qui, le dépouillant de son
autorité, lui impose sans cesse de nouvelles transac-

(1) Instructions au Dauphin, t. II, p. 20.

tions avec sa conscience. Ce monarque aura bien des difficultés à vaincre pour se maintenir ; une extrême habileté lui sera nécessaire pour ne pas être ou débordé ou renversé. L'histoire nous en donne la preuve ; et mettre ses enseignements à profit est faire acte de sagesse. Depuis 1789, le régime constitutionnel a fonctionné sous les rois légitimes, Louis XVIII et Charles X. — Nous ne parlons pas de Louis XVI, puisqu'à partir du 14 juillet 91, jour où le roi-martyr accepta la Constitution votée par l'Assemblée, son rôle fut complètement effacé, et que les événements qu'il dut subir appartiennent aux annales de la Révolution. — Eh bien ! nous voyons sous ces règnes des agitations continuelles, des complots sans cesse renaissants, un désordre effrayant des esprits. Louis XVIII était fin, judicieux, libéral. Il comprenait la nécessité de ne pas paraître s'attacher au régime déchu, et cependant combien prît-il de mesures impopulaires, blessant l'égalité, et contraires à ses propres sentiments de libéralisme et à ses intentions d'indulgence ! Il était habile politique, mais comment donner la tranquillité au pays quand on est sans cesse en proie aux tiraillements, poussé en avant par le parti du mouvement qui demande chaque jour des libertés nouvelles, et en arrière par les réactionnaires dont les efforts tendent à recouvrer les priviléges et les droits qu'ils regrettent ? Etait-il possible de conserver le calme d'esprit nécessaire à un chef de gouvernement, quand il fallait contenter en même temps les nobles et les bourgeois, les ecclésiastiques et les laïques, les émigrés et les acquéreurs de biens nationaux, tous laissant percer leurs rivalités, leurs haines, leurs rêves d'espérance et de crainte ? (1). Louis XVIII mourut lorsque les embarras suscités par la réaction politique et religieuse atteignaient leur plus haut dégré de gravité. Qui sait s'il aurait pu les dominer plus longtemps ?

Le règne de Charles X fut encore plus troublé et toujours pour lés mêmes causes. Ce prince avait, depuis sa jeunesse, défendu l'intégrité du pouvoir monarchique, et à l'âge où il monta sur le trône, il ne pouvait facilement modifier ses opinions. Il était naturel qu'il ne concédât qu'à contre-cœur les libertés auxquelles les Français aspiraient depuis si longtemps. Les royalistes et les libéraux continuèrent leurs querelles, ceux-ci reprochant amèrement au gouvernement ses tendances ultramontaines, et les premiers le poussant dans cette voie. L'opinion constitutionnelle eut à lutter sans relâche contre la réaction. Forcé de lui faire des concessions qui ne la satisfaisaient pas et qui en entraînaient d'autres, le roi se trouvait souvent dans l'obligation de retirer ce qu'il avait octroyé, et semblable au pilote qui, naviguant dans des parages inconnus, ne sait de quel côté pousser le gouvernail pour éviter les écueils, il hésitait sans cesse sur la direction à imprimer au pouvoir. Il flotta ainsi, comme dit M. Guizot que nous avons déjà cité, de contradiction en contradiction, d'inconséquence en inconséquence, jusqu'au jour où, rendu

(1) V. Mémoires de M. Guizot, t. I, p. 54.

à sa vraie foi et à sa vraie volonté, il fit la faute qui lui coûta le trône. (1).

*
* *

Ces exemples démontrent combien le système parlementaire a de peine à s'affermir sous une dynastie, qui, par tradition, se trouve naturellement portée à défendre les prérogatives de la Monarchie contre les droits du peuple ; et qui doit fatalement s'appuyer sur un parti dont une fraction assez grande considère toute espèce de concessions comme dangereuses pour le pays et pour le trône. Le souverain, malgré sa bonne volonté, se heurtera contre les plus sérieux obstacles.

Si on nous objecte qu'on ne peut préjuger l'avenir d'après un passé déjà si éloigné, que les règnes de Louis XVIII et de Charles X appartiennent à une époque où dominaient encore les idées des siècles antérieurs, mais que les révolutions successives que nous avons subies ont fait table rase de ces idées, nous répondrons qu'il est vrai qu'il n'existe plus d'émigrés, ni d'acquéreurs de biens nationaux, que peut être il n'y a plus de gens intelligents espérant le retour des anciens priviléges, mais que l'on trouve toujours des exclusifs dans tous les partis, des adorateurs du dogme de la légitimité plus royalistes que le roi, des membres du clergé rêvant la théocratie, des ennemis de toutes réformes attribuant aux mesures libérales nos cata-

(1) Mémoires de M. Guizot.

clysmes sociaux ; et qu'il est à craindre de voir les mêmes causes produire les mêmes effets.

Pourquoi sous le règne de Louis-Philippe le gouvernement constitutionnel fut-il sincèrement établi et s'exerça-t-il régulièrement ? Pourquoi la Charte fut-elle alors *une vérité*? Ce ne fut pas seulement à cause des qualités personnelles du chef de l'Etat, sincèrement ami des libertés publiques, et qui avait professé toute sa vie des principes libéraux: — Louis XVIII, aussi, était « un modéré de l'ancien régime et un libre-» penseur du dix-huitième siècle (1). » — On doit surtout en trouver la raison dans l'origine de la royauté nouvelle. Si les concessions faites à l'esprit libéral affaiblissent un pouvoir de droit divin, ou d'origine dictatoriale, comme incompatibles avec son essence, elles soutiennent et affermissent une dynastie qui a reçu la consécration de la nation précisément dans un but de libéralisme. Le roi, Louis-Philippe, élu par l'immense majorité d'une Chambre si populaire que ce fut pour la défendre contre les empiètements de la royauté que le peuple se souleva en 1830, pouvait agir suivant la volonté nationale sans être en désaccord avec la source d'où il procédait. Il lui était permis d'accepter la prééminence de l'autorité parlementaire, sans trouver dans ce fait une atteinte portée à la dignité royale et aux droits de la Monarchie. Il pouvait faire preuve de libéralisme, sans avoir à combattre les exigences immodérées des ultra-royalistes et celles des ennemis

(1) Mémoires de M. Guizot.

du trône. Il n'avait pas à lutter tout à la fois contre son
parti et contre l'opposition. De même qu'il n'aurait pas
trouvé dans son entourage, parmi ses amis et ses con-
seillers, des ministres capables de proposer les lois les
plus inapplicables et les plus impopulaires, comme
celles qui furent présentées sous son prédécesseur pour
punir le sacrilège, ou pour rétablir le droit d'aînesse,
de même il n'en aurait pas trouvé qui auraient pris des
mesures ultra-libérales, c'est-à-dire révolutionnaires.
Et c'est ainsi qu'il put établir le gouvernement du pays
par le pays, et entourer le trône d'institutions sagement
libérales.

On dit qu'après la mort de Louis XVI, Dumouriez,
voulant renverser l'odieux pouvoir de la Convention,
songea à faire mettre le sceptre constitutionnel dans la
main du jeune prince qu'il avait pu apprécier à Valmy,
à Jemmapes, et à Nervinde. S'il est vrai qu'il eut cette
pensée, elle lui fut inspirée par la conviction que la
Monarchie, pour subsister, devait être un gouvernement de transaction entre l'ancien et le nouveau régime, et, de plus, qu'il fallait, en vertu du principe que
nous soutenons, qu'un changement de dynastie accom-
pagnât un changement d'institutions (1).

Le roi Louis-Philippe, il est vrai, disparut, comme
le roi Charles X, dans la tourmente révolutionnaire.
Mais peut-on comparer les événements de 1848 et ceux
de 1830 ? La révolution de Février fut un escamotage,
un coup de main inattendu, dont la réussite stupéfia

---

(1) V. la lettre de Dumouriez à M. de Montesquiou.

ses auteurs eux-mêmes, et dont quelques mesures énergiques eussent eu aisément raison : celle de Juillet fut le produit des événements, une conséquence fatale, inévitable, logique, des faits qui la produisirent, une catastrophe qu'il était aussi facile de prévoir que difficile d'éviter.

*
* *

Nous croyons avoir démontré et les difficultés de la restauration de la Monarchie légitime, et les obstacles qu'elle aurait à surmonter pour se maintenir après son rétablissement. Une autre cause augmenterait encore ces obstacles: l'impopularité de la branche aînée de la Maison de Bourbon, qui, avec le suffrage universel, même réglementé, entraînerait les plus graves conséquences. Il serait puéril de nier cette impopularité. Peu importe qu'elle soit, ou non, motivée ; elle existe ; et vouloir arracher un préjugé politique ou autre de l'esprit du peuple est peine perdue. Nous citerons comme exemple la légende napoléonienne. Les Bonaparte, chaque fois qu'ils ont occupé le trône, ont couvert la France de calamités, de deuil, et de ruines. Les populations rurales, surtout, ont souffert sous leurs règnes ; et, plus que celles des villes, elles ont payé de leur sang et de leur or la gloire du premier Empire et les folies du second, et ont été cruellement éprouvées dans les terribles catastrophes où se sont engloutis l'un et l'autre. Malgré tout, le nom de Napoléon est populaire dans les campagnes. L'Empire serait rétabli et mettrait de nouveau la France à deux doigts de sa perte, que

cette popularité n'en serait probablement pas amoin-
drie, et que les villageois, bien que n'ayant pas l'esprit
militaire, comme le témoigne leur attitude devant les
conseils de révision, acclameraient toujours la dynastie
des Bonaparte. La cause de cette popularité se trouve
dans cette fausse croyance, suggérée au peuple par la
politique impériale, que tous les actes de l'Empire ont
pour mobile l'intérêt des classes laborieuses, au détri-
ment des autres. De même, les Bourbons, malgré leur
bonté, leurs vertus, leurs éminentes qualités, sont
exposés à rester toujours impopulaires. Les mesures
les plus libérales, les plus favorables aux classes pau-
vres, prises par le roi Henri V, ne détruiraient pas
cette impopularité : l'arrière-pensée de dîmes, de cor-
vées, du retour des abus de l'ancien régime est insé-
parable de son nom. Il est permis, du moins, de le
supposer.

Tristes exemples qui prouvent qu'une idée enracinée
dans les esprits peu éclairés est indestructible, quand
même la base sur laquelle elle repose est des moins
sérieuses et des plus fragiles !

Il existe un moyen de tout concilier : de rendre la
restauration facile, et de donner, en même temps, au
régime rétabli toute la force nécessaire et toutes les
garanties désirables de durée et de stabilité. Ce moyen,
qui serait la meilleure des solutions, est l'abdication
de Mgr le comte de Chambord.

Le parlement pourrait, dans ce cas, voter une constitution conforme aux aspirations du pays, avec la certitude qu'elle serait acceptée dans tous ses détails. Mgr le comte de Paris, en effet, agréerait naturellement des conditions qui seraient en rapport avec son origine et les traditions de sa race. Libre de tout engagement, il régnerait sans être exposé aux tiraillements, aux mécontentements, aux reproches. Son gouvernement serait le régime vraiment représentatif qui, seul, peut contenter le peuple français. Le pays, bouleversé depuis un siècle, rentrerait, avec la dynastie de 1830, devenue légitime, dans une phase de calme et de prospérité. Il ferait retour à ses sentiments monarchiques qui, au fond, dominent dans les masses, mais accompagnés de l'amour des principes d'égalité.

Le chef de la Maison de France aurait reçu satisfaction complète par suite de la reconnaissance de ses droits et de la consécration du principe monarchique héréditaire. Exempt d'ambition, et ne comprenant l'exercice du pouvoir que pour faire le bien, il ne trouverait sur le trône qu'amertume et déceptions, en se voyant sans cesse entravé dans ses efforts pour rendre son peuple heureux. Abdiquant, il couronnerait son noble et chevaleresque caractère par un acte qui lui attirerait le respect de tous, et le placerait dans un rayon lumineux où la postérité le contemplerait avec admiration !

Napoléon Ier a abdiqué en faveur de son fils : Charles X a abdiqué en faveur du duc de Bordeaux : Louis-Philippe a abdiqué en faveur du comte de Paris. Ces renonciations à la couronne n'ont pas eu le résultat qu'en attendaient leurs auteurs, parce qu'elles ont été tardives et intempestives. Celle dont nous parlons serait des plus opportunes, et aurait des conséquences immenses dont aucun monarchiste, croyons-nous, ne pourrait nier les avantages.

S'il est beau d'immoler ses prétentions personnelles à l'intérêt de sa famille, combien serait-il plus beau de faire ce sacrifice pour sauver son pays !!!

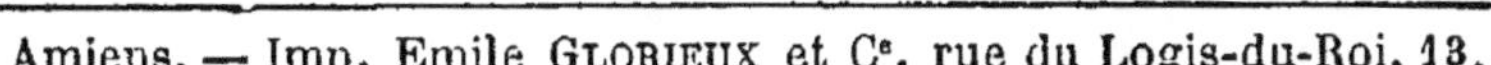

Amiens. — Imp. Emile GLORIEUX et Cᵉ, rue du Logis-du-Roi, 13.